AF297027

PALLADIUM

OU

DROITS DES FRANÇAIS,

DÉDIÉ

A TOUS LES CITOYENS.

Ne pas connaître ses droits,
c'est s'exposer à l'oppression et
à la tyrannie.

Prix : 50 centimes.

A LYON,

CHEZ LES PRINCIPAUX LIBRAIRES.

1830.

LYON. — IMPR. DE G. ROSSARY,
RUE SAINT-DOMINIQUE, N° I.

PRÉFACE.

Dans les graves circonstances où se trouve
la France, j'ai cru faire une chose agréa-
ble et utile à tous mes concitoyens, en
réunissant dans un cadre étroit tout ce
qu'il importe le plus de connaître, les
droits et les devoirs de l'homme en société.

Tous les bons Français à qui ce recueil
est dédié, doivent le répandre avec em-
pressement, afin qu'il pénètre dans toutes
les classes de la société ; c'est un service
à rendre au public, et un moyen de concourir au bien général.

Le tableau des 221 députés qui ont
voté *pour* l'adresse de la Chambre, et ce-

lui des 181 qui ont voté *contre*, seront
fort utiles lors des nouvelles élections; et
si la dissolution ne doit pas avoir lieu,
ces tableaux seront encore bien agréables
à consulter quand la Chambre sera réunie,
soit pour connaître la formation des bureaux, des commissions; soit pour savoir
à quelle nuance d'opinion appartient tel
ou tel député qui aura parlé, etc., etc.
Sous tous les rapports, ce petit résumé de
ce qui intéresse le plus les hommes dans
ce moment, convient à tout le monde, et
particulièrement à MM. les électeurs.

DÉCLARATION

DES

DROITS ET DES DEVOIRS

DE L'HOMME ET DU CITOYEN.

———————

Le peuple français, convaincu que l'oubli et le mépris des droits naturels de l'homme sont les seules causes des malheurs du monde, a résolu d'exposer, dans une déclaration solennelle, ces droits sacrés et inaliénables, afin que tous les citoyens, pouvant comparer sans cesse les actes du gouvernement avec le but de toute institution sociale, ne se laissent jamais opprimer et avilir par la tyrannie; afin que le peuple ait toujours devant les yeux les bases de sa liberté et de son bonheur; le magistrat, la règle de ses devoirs; le législateur, l'objet de sa mission.

En conséquence, il proclame en présence de l'*Être suprême*, la déclaration suivante des droits et des devoirs de l'homme et du citoyen.

DROITS.

Art. 1er. Les droits de l'homme en société sont la liberté, l'égalité, la sûreté, la propriété.

2. La liberté consiste à pouvoir faire ce qui ne nuit pas aux droits d'autrui.

3. L'égalité consiste en ce que la loi est la même pour tous, soit qu'elle protége, soit qu'elle punisse (1).

4. La sûreté résulte du concours de tous pour assurer les droits de chacun.

5. La propriété est le droit de jouir et de disposer de ses biens, de ses revenus, du fruit de son travail et de son industrie.

6. La loi est la volonté générale, exprimée par la majorité ou des citoyens ou de leurs représentans.

7. Ce qui n'est pas défendu par la loi ne peut être empêché.

Nul ne peut être contraint à faire ce qu'elle n'ordonne pas.

8. Nul ne peut être appelé en justice, accusé, arrêté ni détenu, que dans les cas déterminés par la loi et selon les formes qu'elle a prescrites.

9. Ceux qui sollicitent, expédient, signent, exécutent ou font exécuter des actes arbitraires, sont coupables et doivent être punis.

10. Toute rigueur qui ne serait pas nécessaire

(I) Dans les gouvernemens républicains, l'égalité n'admet aucune distinction de naissance, aucune hérédité de pouvoir.

pour s'assurer de la personne d'un prévenu, doit être sévèrement réprimée par la loi.

11. Nul ne peut être jugé qu'après avoir été entendu ou légalement appelé.

12. La loi ne doit décerner que des peines strictement nécessaires et proportionnées au délit.

13. Tout traitement qui aggrave la peine déterminée par la loi est un crime.

14. Aucune loi, ni criminelle, ni civile, ne peut avoir d'effet rétroactif.

15. Tout homme peut engager son temps et ses services; mais il ne peut se vendre ni être vendu; sa personne n'est pas une propriété aliénable.

16. Toute contribution est établie pour l'utilité générale : elle doit être répartie entre les contribuables, en raison de leurs facultés.

17. La souveraineté réside essentiellement dans l'universalité des citoyens (1).

18. Nul individu, nulle réunion partielle de citoyens ne peut s'attribuer la souveraineté.

19. Nul ne peut, sans une délégation légale, exercer aucune autorité ni remplir aucune fonction publique.

(I) En France, le Roi est chef du pouvoir exécutif; mais la Chambre des pairs et celle des députés des départemens concourent à la formation des lois, et sont, par conséquent, des portions essentielles du pouvoir législatif.

20. Chaque citoyen a un droit égal de concourir immédiatement ou médiatement à la formation de la loi, à la nomination des représentans du peuple et des fonctionnaires publics (1).

21. Les fonctions publiques ne peuvent devenir la propriété de ceux qui les exercent.

22. La garantie sociale ne peut exister si la division des pouvoirs n'est pas établie, si leurs limites ne sont pas fixées, et si la responsabilité des fonctionnaires publics n'est pas assurée (2).

DEVOIRS.

Art. 1er. La déclaration des droits contient les obligations des législateurs : le maintien de la société demande que ceux qui la composent connaissent et remplissent également leurs devoirs.

2. Tous les devoirs de l'homme et du citoyen

(1) En France, il faut payer 300 fr. de contributions directes et être âgé de 30 ans pour être électeur.

Depuis long-temps les Français invoquent en vain un système administratif et municipal, qui soit en harmonie avec les grands principes des droits de l'homme. Il faut espérer que le gouvernement constitutionnel de Charles X s'empressera de répondre au vœu général.

(2) On attend encore une loi sur la responsabilité ministérielle, sans laquelle il n'y a qu'une ombre de gouvernement représentatif. (*Note de l'Éditeur.*)

dérivent de ces deux principes gravés par la nature dans tous les cœurs :

Ne faites pas à autrui ce que vous ne voudriez pas qu'on vous fît.

Faites constamment aux autres le bien que vous voudriez en recevoir.

3. Les obligations de chacun envers la société consistent à la défendre, à la servir, à vivre soumis aux lois, et à respecter ceux qui en sont les organes.

4. Nul n'est citoyen s'il n'est bon fils, bon père, bon frère, bon ami, bon époux.

5. Nul n'est homme de bien, s'il n'est franchement et religieusement observateur des lois.

6. Celui qui viole ouvertement les lois se déclare en état de guerre avec la société.

7. Celui qui, sans enfreindre ouvertement les lois, les élude par ruse ou par adresse, blesse les intérêts de tous; il se rend indigne de leur bienveillance et de leur estime.

8. C'est sur le maintien des propriétés que reposent la culture des terres, toutes les productions, tout moyen de travail et tout l'ordre social.

9. Tout citoyen doit ses services à la patrie et au maintien de la liberté, de l'égalité et de la propriété, toutes les fois que la loi l'appelle à les défendre.

1.

CHARTE CONSTITUTIONNELLE.

LOUIS, par la grâce de Dieu, ROI DE FRANCE ET DE NAVARRE,

A tous ceux qui ces présentes verront, SALUT :

La divine Providence, en nous rappelant dans nos États, après une longue absence, nous a imposé de grandes obligations. La paix était le premier besoin de nos sujets : nous nous en sommes occupés sans relâche ; et cette paix, si nécessaire à la France comme au reste de l'Europe, est signée. Une Charte constitutionnelle était sollicitée par l'état actuel du royaume ; nous l'avons promise, et nous la publions. Nous avons considéré que, bien que l'autorité tout entière résidât en France dans la personne du Roi, nos prédécesseurs n'avaient point hésité à en modifier l'exercice, suivant la différence des temps ; que c'est ainsi que les communes ont dû leur affranchissement à Louis-le-Gros, la confirmation et l'extension de leurs droits à saint Louis et à Philippe-le-Bel ; que l'ordre judiciaire a été établi et développé par les lois de Louis XI, de Henri II, et de Charles IX ; enfin, que Louis XIV a réglé presque toutes les parties de l'administration publique par différentes ordonnances , dont rien encore n'avait surpassé la sagesse.

Nous avons dû , à l'exemple des rois nos prédécesseurs , apprécier les effets des progrès toujours croissans des lumières , les rapports nouveaux que ces progrès ont introduits dans la société , la direction imprimée aux esprits depuis un demi-siècle , et les graves altérations qui en sont résultées : nous avons reconnu que le vœu de nos sujets , pour une Charte constitutionnelle était l'expression d'un besoin réel ; mais, en cédant à ce vœu, nous avons pris toutes les précautions pour que cette Charte fût digne de nous et du peuple auquel nous sommes fiers de commander. Des hommes sages, pris dans les premiers corps de l'État, se sont réunis à des commissaires de notre conseil, pour travailler à cet important ouvrage.

En même temps que nous reconnaissions qu'une constitution libre et monarchique devait remplir l'attente de l'Europe éclairée, nous avons dû nous souvenir aussi que notre premier devoir envers nos peuples était de conserver, pour leur propre intérêt, les droits et les prérogatives de notre couronne. Nous avons espéré, qu'instruits par l'expérience, ils seraient convaincus que l'autorité suprême peut seule donner aux institutions qu'elle établit, la force, la permanence et la majesté dont elle est elle-même revêtue; qu'ainsi, lorsque la sagesse des rois s'accorde librement avec le vœu des peuples, une Charte constitutionnelle peut être de longue durée; mais que, quand la violence arrache des concessions à la faiblesse du Gouvernement, la liberté publique n'est pas moins en danger que le trône même. Nous avons enfin cherché les principes de la Charte constitutionnelle dans le caractère français, et dans les monumens vénérables des siècles passés. Ainsi, nous avons vu, dans le renouvellement de la pairie, une institution vraiment nationale, et qui doit lier tous les souvenirs à toutes les espérances, en réunissant les temps anciens et les temps modernes.

Nous avons remplacé, par la Chambre des députés, ces anciennes assemblées des Champs de Mars et de Mai, et ces Chambres du tiers-état, qui ont si souvent donné tout à la fois des preuves de zèle pour les intérêts du peuple, de fidélité et de respect pour l'autorité des rois. En cherchant ainsi à renouer la chaîne des temps, que de funestes écarts avaient interrompue, nous avons effacé de notre souvenir, comme nous voudrions qu'on pût les effacer de l'histoire, tous les maux qui ont affligé la patrie durant notre absence. Heureux de nous retrouver au sein de la grande famille, nous n'avons su répondre à l'amour, dont nous recevons tant de témoignages, qu'en prononçant des paroles de paix et de consolation.

Le vœu le plus cher à notre cœur, c'est que tous les Français vivent en frères, et que jamais aucun souvenir amer ne trouble la sécurité qui doit suivre l'acte solennel que nous leur accordons aujourd'hui.

Sûrs de nos intentions, forts de notre conscience, nous nous engageons, devant l'assemblée qui nous écoute, à être fidèles à cette Charte constitutionnelle, nous réservant d'en jurer le maintien, avec une nouvelle solennité, devant les autels de celui qui pèse dans la même balance les rois et les nations.

A ces causes,

Nous avons volontairement, et par le libre exercice de notre autorité royale, accordé et accordons, fait CONCESSION ET OCTROI à nos sujets, tant pour nous que pour nos successeurs, et à toujours, de la Charte constitutionnelle qui suit :

Droit public des Français.

ART. 1ᵉʳ. Les Français sont égaux devant la loi, quels que soient d'ailleurs leurs titres et leurs rangs.

2. Ils contribuent indistinctement, dans la proportion de leur fortune, aux charges de l'Etat.

3. Ils sont tous également admissibles aux emplois civils et militaires.

4. Leur liberté individuelle est également ga-

rantie, personne ne pouvant être poursuivi ni arrêté que dans les cas prévus par la loi, et dans la forme qu'elle prescrit.

5. Chacun professe sa religion avec une égale liberté, et obtient pour son culte la même protection.

6. Cependant, la religion catholique, apostolique et romaine est la religion de l'Etat.

7. Les ministres de la religion catholique, apostolique et romaine, et ceux des autres cultes chrétiens, reçoivent seuls des traitemens du trésor royal.

8. Les Français ont le droit de publier et de faire imprimer leurs opinions, en se conformant aux lois qui doivent réprimer les abus de cette liberté.

9. Toutes les propriétés sont inviolables, sans aucune exception de celles qu'on appelle *nationales*, la loi ne mettant aucune différence entre elles.

10. L'Etat peut exiger le sacrifice d'une propriété, pour cause d'intérêt public légalement constaté, mais avec une indemnité préalable.

11. Toutes recherches des opinions et votes émis jusqu'à la restauration, sont interdites. Le même oubli est commandé aux tribunaux et aux citoyens.

12. La conscription est abolie. Le mode de recrutement de l'armée de terre et de mer est déterminé par une loi.

Formes du Gouvernement du Roi.

13. La personne du Roi est inviolable et sacrée. Ses ministres sont responsables. Au Roi seul appartient la puissance exécutive.

14. Le Roi est le chef suprême de l'Etat, commande les forces de terre et de mer, déclare la guerre, fait les traités de paix, d'alliance et de commerce, nomme à tous les emplois d'administration publique et fait les réglemens et ordonnances nécessaires pour l'exécution des lois et la sûreté de l'Etat.

15. La puissance législative s'exerce collectivement par le Roi, la Chambre des pairs et la Chambre des députés des départemens.

16. Le Roi propose la loi.

17. La proposition de la loi est portée, au gré du Roi, à la Chambre des pairs ou à celle des députés, excepté la loi de l'impôt, qui doit être adressée d'abord à la Chambre des députés.

18. Toute loi doit être discutée et votée librement par la majorité de chacune des deux Chambres.

19. Les Chambres ont la faculté de supplier le

Roi de proposer une loi sur quelque objet que ce soit, et d'indiquer ce qu'il leur paraît convenable que la loi contienne.

20. Cette demande pourra être faite par chacune des deux Chambres, mais après avoir été discutée en comité secret : elle ne sera envoyée à l'autre Chambre par celle qui l'aura proposée, qu'après un délai de dix jours.

21. Si la proposition est adoptée par l'autre Chambre, elle sera mise sous les yeux du Roi ; si elle est rejetée, elle ne pourra être représentée dans la même session.

22. Le Roi seul sanctionne et promulgue les lois.

23. La liste civile est fixée, pour toute la durée du règne, par la première législature assemblée depuis l'avénement du Roi.

De la Chambre des Pairs.

24. La Chambre des pairs est une portion essentielle de la puissance législative.

25. Elle est convoquée par le Roi en même temps que la Chambre des députés des départemens. La session de l'une commence et finit en même temps que celle de l'autre.

26. Toute assemblée de la Chambre des pairs qui serait tenue hors du temps de la session de la

Chambre des députés, ou qui ne serait pas ordonnée par le Roi, est illicite et nulle de plein droit.

27. La nomination des pairs de France appartient au Roi. Leur nombre est illimité : il peut en varier les dignités, les nommer à vie ou les rendre héréditaires, selon sa volonté.

28. Les pairs ont entrée dans la Chambre à vingt-cinq ans, et voix délibérative à trente ans seulement.

29. La Chambre des pairs est présidée par le chancelier de France, et, en son absence, par un pair nommé par le Roi.

30. Les membres de la famille royale et les princes du sang sont pairs par le droit de leur naissance. Ils siégent immédiatement après le président; mais ils n'ont voix délibérative qu'à vingt-cinq ans.

31. Les princes ne peuvent prendre séance à la Chambre que de l'ordre du Roi, exprimé pour chaque session par un message, à peine de nullité de tout ce qui aurait été fait en leur présence.

32. Toutes les délibérations de la Chambre des pairs sont secrètes.

33. La Chambre des pairs connaît des crimes de haute trahison et des attentats à la sûreté de l'Etat, qui seront définis par la loi.

34. Aucun pair ne peut être arrêté que de l'autorité de la Chambre, et jugé que par elle en matière criminelle.

De la Chambre des Députés des départemens.

35. La Chambre des députés sera composée des députés élus par les colléges électoraux dont l'organisation sera déterminée par des lois.

36. Chaque département aura le même nombre de députés qu'il a eu jusqu'à présent.

37. Les députés seront élus pour cinq ans, et de manière que la Chambre soit renouvelée chaque année par cinquième (1).

38. Aucun député ne peut être admis dans la Chambre, s'il n'est âgé de quarante ans, et s'il ne paie une contribution directe de mille francs.

39. Si néanmoins il ne se trouvait pas dans le département cinquante personnes de l'âge indiqué, payant au moins mille francs de contributions di-

(1) Dans l'intérêt du pouvoir, sous le ministère Villèle, de *déplorable* mémoire, cet article a été changé par une loi qui autorise la nomination intégrale des députés pour sept ans, et le double vote accordé précédemment au quart des électeurs les plus imposés sont autant d'anomalies introduites, qu'il faudra tôt ou tard faire disparaître de notre code fondamental. Beaucoup de députés et de pétitionnaires ont vainement demandé l'exécution entière et littérale de la Charte, en rapportant cette loi ; mais leurs réclamations sont toujours restées sans effet.

rectes, leur nombre sera complété par les plus imposés au dessous de mille francs, et ceux-ci pourront être élus concurremment avec les premiers.

40. Les électeurs qui concourent à la nomination des députés, ne peuvent avoir droit de suffrage, s'ils ne paient une contribution directe de trois cents francs, et s'ils ont moins de trente ans.

41. Les présidens des colléges électoraux seront nommés par le Roi, et de droit, membres du collége.

42. La moitié au moins des députés sera choisie parmi des éligibles qui ont leur domicile politique dans le département.

43. Le président de la Chambre des députés est nommé par le Roi, sur une liste de cinq membres présentée par la Chambre.

44. Les séances de la Chambre sont publiques; mais la demande de cinq membres suffit pour qu'elle se forme en comité secret.

45. La Chambre se partage en bureaux pour discuter les projets qui lui ont été présentés de la part du Roi.

46. Aucun amendement ne peut être fait à une loi, s'il n'a été proposé ou consenti par le Roi, et s'il n'a été renvoyé et discuté dans les bureaux.

47. La Chambre des députés reçoit toutes les

propositions d'impôts; ce n'est qu'après que ces propositions ont été admises, qu'elles peuvent être portées à la Chambre des pairs.

48. Aucun impôt ne peut être établi ni perçu, s'il n'a été consenti par les deux Chambres et sanctionné par le Roi.

49. L'impôt foncier n'est consenti que pour un an. Les impositions indirectes peuvent l'être pour plusieurs années.

50. Le Roi convoque chaque année les deux Chambres : il les proroge, et peut dissoudre celle des députés des départemens; mais, dans ce cas, il doit en convoquer une nouvelle dans le délai de trois mois.

51. Aucune contrainte par corps ne peut être exercée contre un membre de la Chambre, durant la session, et dans les six semaines qui l'auront précédée ou suivie.

52. Aucun membre de la Chambre ne peut, pendant la durée de la session, être poursuivi ni arrêté en matière criminelle, sauf le cas de flagrant délit, qu'après que la Chambre a permis sa poursuite.

53. Toute pétition à l'une ou à l'autre des Chambres ne peut être faite et présentée que par écrit. La loi interdit d'en apporter en personne à la barre.

Des Ministres.

54. Les ministres peuvent être membres de la Chambre des pairs ou de la Chambre des députés. Ils ont en outre leur entrée dans l'une ou l'autre Chambre, et doivent être entendus quand ils le demandent.

55. La Chambre des députés a le droit d'accuser les ministres, et de les traduire devant la Chambre des pairs, qui seule a celui de les juger.

56. Ils ne peuvent être accusés que pour fait de trahison ou de concussion. Des lois particulières spécifieront cette nature de délits, et en détermineront la poursuite.

De l'Ordre judiciaire.

57. Toute justice émane du Roi. Elle s'administre en son nom par des juges qu'il nomme et qu'il institue.

58. Les juges nommés par le Roi sont inamovibles.

59. Les Cours et Tribunaux ordinaires actuellement existans sont maintenus. Il n'y sera rien changé qu'en vertu d'une loi.

60. L'institution actuelle des juges de commerce est conservée.

61. La justice de paix est également conservée.

Les juges de paix, quoique nommés par le Roi, ne sont point inamovibles.

62. Nul ne pourra être distrait de ses juges naturels.

63. Il ne pourra, en conséquence, être créé de commissions et Tribunaux extraordinaires. Ne sont pas comprises sous cette dénomination les juridictions prévôtales, si leur rétablissement est jugé nécessaire.

64. Les débats seront publics en matière criminelle, à moins que cette publicité ne soit dangereuse pour l'ordre et les mœurs ; et, dans ce cas, le Tribunal le déclare par un jugement.

65. L'institution des jurés est conservée. Les changemens qu'une plus longue expérience ferait juger nécessaires ne peuvent être effectués que par une loi.

66. La peine de la confiscation des biens est abolie, et ne pourra pas être rétablie.

67. Le Roi a le droit de faire grâce, et celui de commuer les peines.

68. Le Code civil et les lois actuellement existantes qui ne sont pas contraires à la présente Charte, restent en vigueur jusqu'à ce qu'il y soit légalement dérogé.

Droits particuliers garantis par l'État.

69. Les militaires en activité de service, les officiers et soldats en retraite, les veuves, les officiers et soldats pensionnés, conserveront leurs grades, honneurs et pensions.

70. La dette publique est garantie. Toute espèce d'engagement pris par l'État avec ses créanciers, est inviolable.

71. La noblesse ancienne reprend ses titres. La nouvelle conserve les siens. Le Roi fait des nobles à volonté ; mais il ne leur accorde que des rangs et des honneurs, sans aucune exemption des charges et des devoirs de la société.

72. La Légion-d'Honneur est maintenue. Le Roi déterminera les réglemens intérieurs et la décoration.

73. Les colonies seront régies par des lois et des réglemens particuliers.

74. Le Roi et ses successeurs jureront, dans la solennité de leur sacre, d'observer fidèlement la présente Charte constitutionnelle.

Articles transitoires.

75. Les députés des départemens de France qui siégeaient au Corps législatif, lors du dernier ajournement, continueront de siéger à la Chambre des députés, jusqu'à remplacement.

76. Le premier renouvellement d'un cinquième de la Chambre des députés aura lieu au plus tard en l'année 1816, suivant l'ordre établi entre les séries.

Nous ordonnons que la présente Charte constitutionnelle, mise sous les yeux du Sénat et du Corps législatif, conformément à notre proclamation du 2 mai, sera envoyée incontinent à la Chambre des pairs et à celle des députés.

Donné à Paris, l'an de grâce 1814, et de notre règne le dix-neuvième.

Signé LOUIS.

Et plus bas :

L'ABBÉ DE MONTESQUIOU.

Visa, signé DAMBRAY.

LOI

SUR LA RÉVISION ANNUELLE DES LISTES ÉLECTO-
RALES ET DU JURY (1).

Au château de Saint-Cloud, le 2 juillet 1828.

CHARLES, par la grâce de Dieu, Roi DE
FRANCE ET DE NAVARRE, à tous présens et à venir,
SALUT :

Nous avons proposé, les Chambres ont adopté;
nous avons ordonné et ordonnons ce qui suit :

TITRE PREMIER.

Révision annuelle des listes électorales et du jury.

ART. 1er. Les listes faites en vertu de la loi du
2 mai 1827 sont permanentes, sauf les radiations
et inscriptions qui peuvent avoir lieu lors de la révision prescrite par la présente loi.

Cette révision sera faite conformément aux dispositions suivantes.

(1) Le triumvirat Villèle, Corbière et Peyronnet avait
commis tant de fraudes, lors des élections de 1824 et de
1827, que la Chambre des députés, stygmatisant cette
odieuse administration du nom de *déplorable*, fit entendre
aux nouveaux ministres des plaintes justement méritées;
et, pour prix de sa constance à défendre les droits natio-
naux, cette Chambre obtint la loi du 2 juillet 1828, qui
fait partie de notre Palladium. (*Note de l'Éditeur.*)

2

2. Du 1ᵉʳ au 10 juin de chaque année, et aux jours qui seront indiqués par les sous-préfets, les maires des communes composant chaque canton, se réuniront à la mairie du chef-lieu, sous la présidence du maire, et procéderont à la révision de la portion de la liste formée en vertu de la loi du 2 mai 1827, qui comprendra les citoyens de leur canton, appelés à faire partie de cette liste.

Ils se feront assister des percepteurs de l'arrondissement cantonnal.

3. Dans les villes qui forment à elles seules un canton, ou qui sont partagées en plusieurs cantons, la révision des listes sera effectuée par le maire, les adjoints et les trois plus anciens membres du conseil municipal, selon l'ordre du tableau. Les maires des communes qui dépendraient de l'un de ces cantons, seront aussi appelés à la révision ; ils se réuniront tous sous la présidence du maire de la ville.

A Paris, les maires des douze arrondissemens, assistés des percepteurs, procéderont à la révision, sous la présidence du doyen de réception.

4. Le résultat de cette opération sera transmis au sous-préfet qui, avant le 1ᵉʳ juillet, l'adressera, accompagné de ses observations, au préfet du département.

5. A partir du 1ᵉʳ juillet, le préfet procédera à la révision générale de la liste.

6. Il y ajoutera les citoyens qu'il reconnaîtra avoir acquis les qualités requises par la loi, et ceux qui auraient été précédemment omis.

Il en retranchera,

1° Les individus décédés ;

2° Ceux qui auront perdu les qualités requises ;

3° Ceux dont l'inscription aura été déclarée nulle par les autorités compétentes ;

4° Enfin ceux qu'il reconnaîtrait avoir été indûment inscrits, quoique leur inscription n'eût pas été attaquée.

Il tiendra un registre de toutes ces décisions, et il fera mention de leurs motifs et des pièces à l'appui.

7. La liste, ainsi rectifiée par le préfet, sera affichée, le 15 août, au chef-lieu de chaque commune, et déposée au secrétariat des mairies, des sous-préfectures et de la préfecture, pour être donnée en communication à toutes les personnes qui le requerront.

Elle contiendra, en regard du nom de chaque individu inscrit sur la première partie de la liste, l'indication des arrondissemens de perception où il paie des contributions propres ou déléguées, ainsi que la quotité et l'espèce des contributions pour chacun de ces arrondissemens.

8. La publication prescrite par l'article précédent tiendra lieu de notification des décisions in-

tervenues aux individus dont l'inscription aura été ordonnée.

Toute décision, ordonnant radiation, sera notifiée dans les dix jours à celui qu'elle concerne , ou au domicile qu'il sera tenu d'élire pour l'exercice de ses droits politiques , s'il n'habite pas le département.

Cette notification , et toutes celles qui doivent avoir lieu , aux termes de la présente loi, seront faites suivant le mode employé jusqu'à présent pour les jurés, en exécution de l'article 389 du Code d'instruction criminelle.

9. Après la publication de la liste rectifiée , il ne pourra plus y être fait de changement qu'en vertu de décisions rendues par le préfet, en conseil de préfecture, dans les formes ci-après.

TITRE II.

Des réclamations sur la révision des listes.

10. A compter du 15 août, jour de la publication, il sera ouvert au secrétariat général de la préfecture, un registre coté et paraphé par le préfet, sur lequel seront inscrites, à la date de leur présentation , et suivant un ordre de numéro, toutes les réclamations concernant la teneur des listes. Ces réclamations seront signées par le réclamant ou par son fondé de pouvoir.

Le secrétaire général donnera récépissé de chaque réclamation et des pièces à l'appui. Ce récépissé énoncera la date et le numéro de l'enregistrement.

11. Tout individu qui croirait devoir se plaindre, soit d'avoir été indûment inscrit, omis ou rayé, soit de toute autre erreur commise à son égard dans la rédaction des listes, pourra, jusqu'au 30 septembre inclusivement, présenter sa réclamation, qui devra être accompagnée de pièces justificatives.

12. Dans le même délai, tout individu inscrit sur la liste d'un département pourra réclamer l'inscription de tout citoyen qui n'y serait pas porté, quoique réunissant toutes les conditions nécessaires, la radiation de tout individu qu'il prétendrait y être indûment inscrit, ou la rectification de toute autre erreur commise dans la rédaction des listes.

Il devra motiver sa demande et l'appuyer de pièces justificatives.

13. Aucune des demandes énoncées en l'article précédent ne sera reçue, lorsqu'elle sera formée par des tiers, qu'autant que le réclamant y joindra la preuve qu'elle a été par lui notifiée à la partie intéressée, laquelle aura dix jours pour y répondre, à partir de celui de la notification.

14. Le préfet statuera en conseil de préfecture

2.

sur les demandes dont il est fait mention aux articles 11 et 12 ci-dessus, dans les cinq jours qui suivront leur réception, quand elles seront formées par les parties elles-mêmes ou par leurs fondés de pouvóirs ; et dans les cinq jours qui suivront l'expiration du délai fixé par l'article 13, si elles sont formées par des tiers.

Ses décisions seront motivées.

La communication, sans déplacement, des pièces respectivement produites sur la question en contestation, devra être donnée à toute partie intéressée qui le requerra.

15. Il sera publié tous les quinze jours un tableau de rectification, conformément aux décisions rendues dans cet intervalle, et présentant les indications mentionnées à l'article 7 ci-dessus.

Aux termes de l'article 8, la publication de ces tableaux de rectification tiendra lieu de notification aux individus dont l'inscription aura été ordonnée ou rectifiée.

Les décisions portant refus d'inscription ou prononçant des radiations seront notifiées, dans les cinq jours de leur date, aux individus dont l'inscription ou la radiation aura été réclamée, soit par eux-mêmes, soit par des tiers.

Les décisions rejetant les demandes en radiation ou rectification seront notifiées, dans le même délai, tant aux réclamans qu'à l'individu dont l'inscription aura été contestée.

16. Le 16 octobre, le préfet procédera à la clôture de la liste.

Le dernier tableau de rectification, l'arrêté de clôture et la liste du collége départemental, dans les départemens où il y a plusieurs colléges, seront affichés le 20 du même mois.

17. Il ne pourra plus être fait de changement à la liste qu'en vertu d'arrêts rendus dans la forme déterminée au titre suivant.

TITRE III.

Réclamations contre les décisions du préfet en conseil de préfecture.

18. Toute partie qui se croira fondée à contester une décision rendue par le préfet en conseil de préfecture, pourra porter son action devant la Cour royale du ressort.

L'exploit introductif d'instance devra, sous peine de nullité, être notifié dans les dix jours, tant au préfet qu'aux parties intéressées.

Dans le cas où la décision du préfet en conseil de préfecture aurait rejeté une demande d'inscription formée par un tiers, l'action ne pourra être intentée que par l'individu dont l'inscription était réclamée.

La cause sera jugée sommairement, toutes affaires cessantes, et sans qu'il soit besoin du ministère d'avoué. Les actes judiciaires auxquels elle donnera lieu seront enregistrés gratis. L'affaire sera rapportée en audience publique par un des membres de la Cour, et l'arrêt sera prononcé après que le ministère public aura été entendu.

S'il y a pourvoi en cassation, il sera procédé comme devant la Cour royale, avec la même exemption de droits d'enregistrement, sans consignation d'amende.

19. Le recours et l'action intentés par suite d'une décision qui aura rayé un individu de la liste, ou qui lui aura attribué une quotité de contribution moindre que celle pour laquelle il était précédemment inscrit, auront un effet suspensif.

20. Le préfet, sur la notification de l'arrêt intervenu, fera sur la liste la rectification qui aura été prescrite.

TITRE IV.

Formation d'un tableau de rectification en cas d'élection après la clôture annuelle des listes.

21. Lorsque la réunion d'un collége aura lieu dans le mois qui suivra la publication du dernier tableau de rectification prescrit par l'article 16,

il ne sera fait à ce tableau aucune modification. Dans ce cas, l'intervalle entre la réception de l'ordonnance et la réunion du collége sera de vingt jours au moins.

22. Si la réunion a lieu à une époque plus éloignée, l'intervalle sera de trente jours au moins.

Dans ce dernier cas, le préfet fera afficher immédiatement l'ordonnance de convocation.

Le registre prescrit par l'article 10 ci-dessus sera ouvert : les réclamations prévues par les articles 11 et 12 seront admises ; mais elles devront être faites dans le délai de huit jours, sous peine de déchéance.

Le préfet en conseil de préfecture dressera le tableau de rectification prescrit par l'article 6 de la loi du 2 mai 1827. Il le fera publier et afficher le onzième jour au plus tard, après la publication de l'ordonnance, et les notifications prescrites par l'article 15, seront faites aux parties intéressées dans le délai de cinq jours.

23. L'action exercée conformément à l'article 18, sera portée directement devant la Cour royale du ressort : elle n'aura d'effet suspensif que dans le cas de radiation.

L'assignation sera donnée à huitaine, pour tout délai, et la Cour prononcera après l'expiration du délai. L'arrêt ne sera pas susceptible d'opposition.

24. Il ne pourra être fait de changement au tableau de rectification ci-dessus prescrit, qu'en exécution d'arrêts rendus par les Cours royales.

TITRE V.

Dispositions générales.

25. Nul individu appelé à des fonctions publiques temporaires ou révocables ne pourra être inscrit sur la première partie de la liste du département où il exerce ses fonctions, que six mois après la double déclaration prescrite par l'article 3 de la loi du 5 février 1817.

26. Les percepteurs de contributions directes sont tenus de délivrer sur papier libre, et moyennant une rétribution de vingt-cinq centimes par extrait de rôle concernant le même contribuable, à toute personne portée au rôle, l'extrait relatif à ses contributions; et à tout individu qualifié, comme il est dit à l'art. 12 ci-dessus, tout certificat négatif ou tout extrait des rôles de contributions.

27. Il sera donné communication des listes annuelles et des tableaux de rectification à tous les imprimeurs qui voudront en prendre copie. Il leur sera permis de les faire imprimer sous tel format

qu'il leur plaira de choisir, et de les mettre en vente.

28. Pour l'année 1828, les opérations ordonnées par la présente loi commenceront le premier jour du mois qui suivra sa promulgation, et seront poursuivies en observant les délais qu'elle prescrit.

La présente loi, discutée, délibérée et adoptée par la Chambre des pairs et par celle des députés, et sanctionnée par nous cejourd'hui, sera exécutée comme loi de l'État ; voulons, en conséquence, qu'elle soit gardée et observée dans tout notre royaume, terres et pays de notre obéissance.

Donné au château de Saint-Cloud, le deuxième jour du mois de juillet de l'an de grâce 1828, et de notre règne le quatrième.

Signé CHARLES.

Par le Roi :

Le ministre secrétaire d'État au département de l'intérieur,

Signé DE MARTIGNAC.

PEINES PORTÉES CONTRE LES CORRUPTEURS D'ÉLECTIONS.

A presque toutes les élections qui ont eu lieu, les ministres ont mis en campagne une armée de subordonnés pour influencer, par des menaces ou des destitutions, le vote des fonctionnaires publics et de beaucoup d'autres citoyens. Malgré les réclamations de tous les publicistes éclairés, nos lois électorales ont refusé d'attacher une pénalité aux abus commis dans les élections par les hauts fonctionnaires; mais ce que ces lois n'ont point fait, on le trouve dans le Code pénal.

Le rapporteur de la loi, sanctionnée le 2 juillet 1828, n'a pu s'empêcher de rendre hommage à cette vérité. Il (M. Favard de l'Anglade) disait, séance du 1er mai 1828 : « Des peines peuvent « être infligées aux préfets, s'ils se rendent cou- « pables de faits qualifiés crimes et délits, et punis « comme tels par le Code pénal. »

Voici ce que dit ce Code :

ART. 109. « Lorsque par menaces on aura em- « pêché un ou plusieurs citoyens d'exercer leurs « droits civiques, chacun des coupables sera puni « d'un emprisonnement de six mois au moins, et « de deux ans au plus, et de l'interdiction du droit

« de voter et d'être éligible pendant cinq ans au
« moins et dix ans au plus. »

Art. 111. « Tout citoyen qui, étant chargé,
« dans un scrutin, du dépouillement des billets
« contenant les suffrages des citoyens, sera surpris
« falsifiant ces billets, ou en soustrayant de la
« masse, ou en y ajoutant...., sera puni de la peine
« du carcan. »

Art. 113. « Tout citoyen qui aura, dans les
« élections, acheté ou vendu un suffrage à un prix
« quelconque, sera puni d'interdiction des droits
« de citoyen et de toute autre fonction ou emploi
« public, pendant cinq ans au moins et dix ans au
« plus. »

Art. 114. « Lorsqu'un fonctionnaire public aura
« ordonné ou fait quelque acte arbitraire et atten-
« tatoire aux droits civiques d'un ou de plusieurs
« citoyens..., il sera condamné à la peine de la dé-
« gradation civique. Si, néanmoins, il justifie qu'il
« a agi par ordre de ses supérieurs.., la peine sera,
« dans ce cas, appliquée seulement aux supérieurs
« qui ont donné l'ordre. »

La simple lecture de ces divers articles en fait
comprendre aussitôt la portée et les conséquences.
Il en résulte :

1° Qu'un préfet qui, par des menaces de destitution ou de rigueurs de tout autre genre, empêche

rait un électeur de voter, ou, ce qui revient au même, lui ravirait la liberté de vote, se rendrait coupable d'un délit, et passible des peines portées à l'art. 109.

2° Qu'un président de collége qui lirait d'autres noms que les noms inscrits sur les bulletins; qui, par des suppressions ou des additions, fausserait le scrutin, commettrait un crime prévu par l'art. 111, et, qu'on l'observe bien, *serait mis au carcan.*

3° Que le préfet qui dirait à un électeur: Votez pour **tel** candidat, et je donne une bourse à votre fils; votez servilement, et vous aurez une place de percepteur, un débit de tabac, un bureau de loterie, ou bien vous obtiendrez des conditions favorables dans l'adjudication de fournitures ou de travaux publics, achèterait positivement un suffrage, puisqu'il en offrirait *un prix quelconque*, et serait passible de la peine portée à l'art. 113, c'est-à-dire sera puni d'interdiction des droits de citoyen, et de toute fonction ou emploi public, pendant cinq ans au moins et dix ans au plus.

4° Qu'il en serait de même du préfet qui dirait à un fonctionnaire: La destitution est au bout d'un mauvais vote. Mettre en effet un citoyen dans l'alternative de voter mal ou de perdre la place qui le nourrit, n'est-ce pas lui dire: Votre place, votre traitement sont le prix de votre vote? N'est-ce pas un marché, un achat véritable? Et ne rentre-t-on pas dans le cas prévu par l'article 113 ?

5° Enfin, que le ministre qui donne l'ordre de violenter les consciences est punissable comme le préfet. L'article 114, qui confirme tous les précé-dens, punit l'attentat aux droits civiques : quoi de plus attentatoire à ces droits que la menace faite à un citoyen de le destituer, de le ruiner, s'il ose les exercer librement !

Ces conséquences invincibles des quatre articles du Code pénal établissent, d'une manière certaine, la position des électeurs de tout ordre, et surtout des électeurs fonctionnaires publics. Ceux-ci recon-naîtront que la loi prête main-forte à leurs résis-tances ; que tout électeur qui se croirait enchaîné par des engagemens, par son emploi, par des craintes, par des menaces, aurait une idée fausse de son droit et de son devoir ; que la doctrine de servilité, aussi bien condamnée par les lois posi-tives que par les notions morales, est une doctrine provocatrice à des délits ; qu'elle est elle-même un délit punissable, parce que le but évident de toutes les lois électorales ou pénales est l'indépendance des votes et la sincérité des élections.

Que les électeurs, fonctionnaires ou citoyens privés, repoussent donc, la loi à la main, menaces et promesses. Qu'ils signalent les hommes, quels qu'ils soient, qui auront voulu séduire ou effrayer leurs consciences. La loi est formelle. Si elle restait muette, il faudrait désespérer de la justice. Aucun Tribunal ne peut refuser de l'appliquer.

DISCOURS DU ROI,

PRONONCÉ LE 2 MARS 1830,

A L'OUVERTURE DE LA SESSION DES CHAMBRES.

MESSIEURS,

C'est toujours avec confiance que je réunis autour de mon trône les pairs du royaume et les députés des départemens.

Depuis votre dernière session, d'importans événemens ont consolidé la paix de l'Europe et l'accord établi entre mes alliés et moi pour le bonheur des peuples.

La guerre est éteinte en Orient; la modération du vainqueur et l'intervention amicale des puissances, en préservant l'empire ottoman des malheurs qui le menaçaient, ont maintenu l'équilibre et affermi les anciennes relations des États.

Sous la protection des puissances signataires du traité du 6 juillet, la Grèce indépendante renaîtra de ses ruines ; le choix du prince appelé à régner sur elle fait assez connaître les vues désintéressées et pacifiques des souverains.

Je poursuis en ce moment, de concert avec mes alliés, des négociations dont le but est d'amener entre les princes de la maison de Bragance une réconciliation nécessaire au repos de la péninsule.

Au milieu des graves événemens dont l'Europe était occupée, j'ai dû suspendre l'effet de mon juste ressentiment contre une puissance barbaresque ; mais je ne puis laisser plus long-temps impunie l'insulte faite à mon pavillon. La réparation éclatante que je veux obtenir, en satisfaisant à l'honneur de la France, tournera, avec l'aide du Tout-Puissant, au profit de la chrétienté.

Les comptes des recettes et des dépenses seront mis sous vos yeux, en même temps que l'état des besoins et des ressources pour l'exercice de 1831. J'ai la satisfaction de voir que, malgré la diminution qu'ont éprouvée les revenus de 1829, comparativement à ceux de l'exercice précédent, ils ont surpassé les évaluations du budget.

Une opération récente a suffisamment indiqué l'intérêt auquel des emprunts sont devenus négociables ; elle a démontré la possibilité d'alléger les charges de l'État. Une loi relative à l'amortissement vous sera présentée ; elle se liera à un plan de remboursement ou d'échange, qui, nous l'espérons, conciliera ce que les contribuables attendent de notre sollicitude, avec la justice et la bienveillance, dues à ceux de nos sujets qui ont placé leurs capitaux dans les fonds publics : les mesures sur lesquelles vous aurez à délibérer ont pour but de satisfaire à tous ces intérêts ; elles pourront donner les moyens de subvenir, sans de nouveaux sacrifices et en peu d'années, aux dépenses qu'exigent impérieusement, pour la défense du royaume, pour la prospérité de l'agriculture et du commerce, les travaux des places fortes, les ouvrages à terminer dans les ports, les réparations des routes et l'achèvement des canaux.

Vous aurez aussi à vous occuper de plusieurs lois relatives à l'ordre judiciaire, de divers projets d'administration publique et de quelques mesures destinées à améliorer le sort des militaires en retraite.

J'ai gémi des souffrances qu'un hiver long et rigoureux a fait peser sur mon peuple : mais la bienfaisance a multiplié les secours ; et c'est avec une vive satisfaction que j'ai vu les soins généreux prodigués à l'indigence sur tous les points de mon royaume, et particulièrement dans ma bonne ville de Paris.

Messieurs, mon premier besoin est de voir la

France, heureuse et respectée, développer toutes les richesses de son sol et de son industrie, et jouir en paix des institutions dont j'ai la ferme volonté de consolider le bienfait. La Charte a placé les libertés publiques sous la sauve-garde des droits de ma couronne : ces droits sont sacrés ; mon devoir envers mon peuple est de les transmettre intacts à mes successeurs.

Pairs de France, députés des départemens, je ne doute pas de votre concours pour opérer le bien que je veux faire ; vous repousserez les perfides insinuations que la malveillance cherche à propager. Si de coupables manœuvres suscitaient à mon gouvernement des obstacles que je ne veux pas prévoir, je trouverais la force de les surmonter dans ma résolution de maintenir la paix publique, dans la juste confiance des Français et l'amour qu'ils ont toujours montré pour leurs rois.

ADRESSE

PRÉSENTÉE AU ROI, EN RÉPONSE AU DISCOURS DU TRÔNE, PAR LA CHAMBRE DES PAIRS.

M. le chancelier de France, comme président de la Chambre des pairs, a lu à Sa Majesté l'adresse conçue en ces termes :

« Sire,

« Vos fidèles sujets les pairs de France ont entendu avec respect et reconnaissance les paroles
émanées du trône.

« Il se félicitent de l'accord qui est établi entre
Votre Majesté et ses alliés, et qui consolide la paix
de l'Europe.

« La guerre est heureusement terminée dans
l'Orient. La modération du vainqueur a répondu
au vœu des puissances, de préserver l'empire
ottoman et de conserver les anciennes relations des
États.

« La Grèce renaîtra donc de ses ruines; grâce à
la main secourable que vous lui avez tendue. Elle
sera indépendante sous la protection des puissances
signataires du traité du 6 juillet. Le sceptre du
prince appelé à la régir, écartera les dissensions
qui pourraient la déchirer. Il affermira ses pas dans
la nouvelle vie qu'elle reçoit, en lui imprimant
cette unité de mouvement qui appartient essentiellement à la monarchie.

« Le succès des négociations que Votre Majesté poursuit, de concert avec ses alliés, pour rame-
ner une réconciliation entre les princes de la maison de Bragance, assurerait le repos de la péninsule,
ferait cesser des divisions fatales au commerce des
deux mondes, et, ce qui n'est pas moins désirable,

raffermirait les principes de la légitime succession aux couronnes.

« Dispensateur éclairé des trésors de la France, et avare du sang de ses enfans, Votre Majesté a différé de poursuivre la réparation de l'insulte faite à son pavillon par une puissance barbaresque. Vous jugez qu'elle ne doit pas rester plus long-temps impunie, et, dans vos nobles pensées, vous méditez de rendre la satisfaction que vous obtiendrez, profitable à la fois aux intérêts de la France et à ceux de la chrétienté. Les nations qui la composent applaudiront à ce généreux dessein, et nous attendrons avec confiance les communications que Votre Majesté pourra juger à propos de faire sur ce sujet important.

« La diminution des revenus de 1829, quoiqu'ils aient surpassé les évaluations du budget, fait désirer des économies et de nouvelles ressources ; elles pourront résulter, en grande partie, de la loi relative à l'amortissement et du plan de remboursement ou d'échange que Votre Majesté nous annonce. Le moment est venu, en effet, d'alléger les charges publiques en conciliant le triple intérêt des contribuables, des capitalistes et de l'État, sans s'écarter jamais du respect pour les droits de chacun, et des principes de justice qui ont fondé le crédit et l'ont élevé si haut depuis quelques années. Votre

3*

Majesté créera, par ces mesures habilement combinées, les moyens de subvenir, sans de nouveaux sacrifices et en peu de temps, aux dépenses qu'exigent impérieusement pour la défense du royaume, pour la prospérité de l'agriculture et du commerce, les travaux des places fortes, les ouvrages à terminer dans les ports, les réparations des routes et l'achèvement des canaux. Nous donnerons à tous ces objets la sérieuse attention que nous commande le devoir de seconder les vues de Votre Majesté, et de concourir avec elle à de si grandes et de si utiles opérations.

« Nous apporterons les mêmes soins à l'examen des lois que Votre Majesté se propose de faire présenter, relatives à l'ordre judiciaire, à l'administration publique et à l'amélioration du sort des militaires en retraite. Les mesures que Votre Majesté prépare pour adoucir la vieillesse du soldat qui a consumé sa vie à la défense du Roi et de l'État, exciteront la reconnaissance de l'armée et de tous les citoyens.

« Lorsque Votre Majesté exprime la vive satisfaction que lui font éprouver les soins généreux prodigués à l'indigence sur tous les points de son royaume, et particulièrement dans sa bonne ville de Paris, pendant un hiver long et rigoureux, nous aimons à lui rappeler ce que les malheureux n'oublieront jamais, qu'elle et son auguste famille ont donné les premiers et les plus grands exemples de cette bienfaisance qui a soulagé tant de maux.

« Le premier besoin du cœur de Votre Majesté est de voir la France heureuse et respectée, jouir en paix de ses institutions. Elle en jouira, Sire. Que pourraient, en effet, des insinuations malveillantes contre la déclaration si expresse de votre volonté de maintenir et de consolider ces institutions ? La monarchie en est le fondement; les droits de votre couronne y resteront inébranlables; ils ne sont pas moins chers à votre peuple que ses libertés. Placées sous votre sauve-garde, elles fortifient les liens qui attachent les Français à votre trône et à votre dynastie, et les leur rendent nécessaires. La France ne veut pas plus de l'anarchie que son Roi ne veut du despotisme.

« Si des manœuvres coupables suscitaient à votre gouvernement des obstacles, ils seraient bientôt surmontés, non pas seulement par les pairs, défenseurs héréditaires du trône et de la Charte, mais aussi par le concours simultané des deux Chambres et par celui de l'immense majorité des Français ; car il est dans le vœu et l'intérêt de tous que les droits sacrés de la couronne demeurent inviolables et soient transmis inséparablement des libertés nationales, aux successeurs de Votre Majesté, et à nos derniers neveux , héritiers de notre confiance et de notre amour. »

Le Roi a répondu :

« Monsieur, les sentimens que vous m'exprimez au nom des pairs de France, me sont d'autant plus agréables qu'ils me prouvent que la Chambre a parfaitement compris et senti tout l'ensemble de mon discours.

« Je compte sur vous , Messieurs , comme vous devez compter sur mon inébranlable fermeté , et j'aime à ne pas douter, comme vous m'en donnez l'espérance , que les deux Chambres s'uniront à moi pour assurer et consolider le bonheur de mes peuples.

ADRESSE

présentée au roi , en réponse au discours du trône, par la chambre des députés.

M. Royer-Collard, président, a lu d'une voix ferme l'adresse qui est ainsi conçue :

« Sire,

« C'est avec une vive reconnaissance que vos fidèles sujets, les députés des départemens , réunis autour de votre trône, ont entendu de votre bouche auguste le témoignage flatteur de la confiance que vous leur accordez. Heureux de vous inspirer ce sentiment , Sire, ils le justifient par l'inviolable fidélité dont ils viennent vous renouveler le respectueux hommage. Ils sauront encore le justifier par le loyal accomplissement de leurs devoirs.

« Nous nous félicitons avec vous, Sire, des événemens qui ont consolidé la paix de l'Europe , affermi l'accord établi entre vous et vos alliés , et fait cesser en Orient le fléau de la guerre.

« Puisse le peuple infortuné que vos généreux secours ont arraché à une destruction qui paraissait inévitable, trouver dans l'avenir que Votre Majesté lui prépare, son indépendance, sa force et sa liberté !

« Nous ferons des vœux, Sire, pour le succès des soins que vous consacrez, de concert avec vos alliés, à la réconciliation des princes de la maison de Bragance. C'est un digne objet de la sollicitude de Votre Majesté, que de mettre un terme aux maux qui affligent le Portugal, sans porter atteinte aux principes sacrés de la légitimité, inviolables pour les rois non moins que pour les peuples.

« Votre Majesté avait suspendu les effets de son ressentiment contre une puissance barbaresque; mais elle juge ne pas pouvoir différer plus longtemps de poursuivre la réparation éclatante d'une insulte faite à son pavillon. Nous attendrons avec respect les communications que Votre Majesté croira sans doute nécessaires de nous adresser sur un sujet qui touche à de si grands intérêts. Sire, toutes les fois qu'il s'agira de défendre la dignité de votre couronne, et de protéger le commerce français, vous pouvez compter sur l'appui de votre peuple autant que sur son courage.

« La Chambre s'associera avec reconnaissance aux mesures que vous lui proposerez pour fixer, en l'améliorant, le sort des militaires en retraite.

« Les lois qui lui seront présentées sur l'ordre judiciaire et sur l'administration, auront droit aussi à son examen attentif.

« La réduction que Votre Majesté nous annonce dans le revenu public, est un symptôme dont la gravité nous afflige. Nous mettrons tous nos soins à rechercher les causes du malaise qu'il indique.

« Votre Majesté a ordonné de nous présenter une loi relative à l'amortissement et à la dette publique ; l'importance des questions que renferment ces projets, et l'obligation de tenir une balance exacte entre les divers intérêts qui s'y rapportent, exciteront au plus haut degré notre sollicitude. Une organisation équitable et habilement combinée du crédit public, sera pour la France un puissant moyen de prospérité, et pour Votre Majesté un nouveau titre à la gratitude de ses peuples.

« Mais il est une condition nécessaire à l'accomplissement de ce bienfait, et sans laquelle il demeurerait stérile ; c'est la sécurité de l'avenir, fondement le plus solide du crédit, et premier besoin de l'industrie. Accourus à votre voix, de tous les points de votre royaume, nous vous apportons de toute part, Sire, l'hommage d'un peuple fidèle encore ému de vous avoir vu le plus bienfaisant de tous, au milieu de la bienfaisance universelle, et qui révère en vous le modèle accompli de toutes les vertus. Sire, ce peuple chérit et respecte votre autorité. Quinze ans de paix et de liberté qu'il doit à votre auguste frère et à vous, ont profondément enraciné dans son cœur la reconnaissance qui l'attache à votre royale famille. Sa raison, mûrie par l'expérience et par la liberté des discussions, lui dit que c'est surtout en matière d'autorité que l'antiquité de la possession est le plus saint de tous les titres, et que c'est pour son bonheur autant que pour votre gloire, que les siècles ont placé votre trône dans une région inaccessible aux orages. Sa conviction s'accorde donc avec son devoir, pour lui présenter les droits sacrés de votre couronne, comme la plus sûre garantie de ses libertés, et l'intégrité de vos prérogatives comme nécessaires à la conservation de ses droits.

« Cependant, Sire, au milieu des sentimens una-
nimes de respect et d'affection dont votre peuple
vous entoure, il se manifeste dans les esprits une
vive inquiétude qui trouble la sécurité dont la
France avait commencé à jouir, altère les sources
de sa prospérité, et pourrait, si elle se prolon-
geait, devenir funeste à son repos. Notre conscience, notre honneur, la fidélité que nous vous
avons jurée, et que nous vous garderons toujours,
nous imposent le devoir de vous en dévoiler la
cause.

« Sire, la Charte que nous devons à la sagesse
de votre prédécesseur, et dont Votre Majesté a la
ferme volonté de consolider le bienfait, consacre
comme un droit l'intervention du pays dans la
délibération des intérêts publics. Cette intervention
devait être, elle est en effet indirecte, sagement
mesurée, circonscrite dans des limites exactement
tracées et que nous ne souffrirons jamais que l'on
ose tenter de franchir ; mais elle est positive dans
son résultat, car elle fait du concours permanent
des vues politiques de votre gouvernement avec
les vœux de votre peuple, la condition indispen-
sable de la marche régulière des affaires politiques.
Sire, notre loyauté, notre dévouement nous con-
damnent à vous dire que ce concours n'existe pas.

« Une défiance injuste des sentimens de la raison

de la France est aujourd'hui la pensée fondamentale de l'administration ; votre peuple s'en afflige, parce qu'elle est injurieuse pour lui ; il s'en inquiète, parce qu'elle est menaçante pour ses libertés.

« Cette défiance ne saurait approcher de votre noble cœur. Non, Sire, *la France ne veut pas plus de l'anarchie que vous ne voulez du despotisme ;* elle est digne que vous ayez foi dans sa loyauté, comme elle a foi dans vos promesses.

« Entre ceux qui méconnaissent une nation si calme, si fidèle, et nous qui, avec une conviction profonde, venons déposer dans votre sein les douleurs de tout un peuple, jaloux de l'estime et de la confiance de son Roi, que la haute sagesse de Votre Majesté prononce ! ses royales prérogatives ont placé dans ses mains les moyens d'assurer entre les pouvoirs de l'Etat, cette harmonie constitutionnelle, première et nécessaire condition de la force du trône et de la grandeur de la France. »

Le Roi a répondu :

« Monsieur, j'ai entendu l'adresse que vous me
« présentez au nom de la Chambre des députés.
« J'avais droit de compter sur le concours des
« deux Chambres pour accomplir tout le bien que
« je méditais. Mon cœur s'afflige de voir les dé-

« putés des départemens déclarer que , de leur
« part, ce concours n'existe pas.

« Messieurs , j'ai annoncé mes résolutions dans
« mon discours d'ouverture de la session , ces
« résolutions sont immuables ; l'intérêt de mon
« peuple me défend de m'en écarter.

« Mes ministres vous feront connaître mes
« intentions. »

Paris, 19 *mars* 1830.

CHAMBRE DES DÉPUTÉS.

(Présidence de M. Royer-Collard.)

La lecture du procès-verbal terminée, M. de
Cordoue se lève du centre droit et demande la
parole. Aussitôt tous les huissiers invitent MM. les
députés à prendre leurs places ; M. de Cordoue
monte à la tribune, et après une courte conversa-
tion avec M. le président, il en redescend sans
avoir parlé. Cependant MM. les députés, obéissant
à la voix de M. le président, se rendent tous à
leurs bancs ; bientôt le plus profond silence règne
dans l'assemblée.

M. le président: J'ai reçu deux lettres que je dois communiquer à la Chambre : la première est de M. Balguerie junior, député de la Gironde, qui donne sa démission à cause de l'affaiblissement de sa santé. La seconde est de M. Donatien de Sesmaisons qui prie MM. les députés d'agréer ses sentimens, et de croire aux regrets qu'il éprouve de se séparer d'eux. (Par suite du décès de M. le chancelier, M. de Sesmaisons est appelé à la pairie.)

MM. les députés, ne voyant pas entrer de ministres, causent entre eux à voix basse. Bientôt une des portes de la salle s'ouvre à deux battans, et les huissiers introduisent MM. de Montbel, ministre de l'intérieur, et d'Haussez, ministre de la marine. L'entrée de ces deux ministres porte la curiosité au plus haut degré.

On se ferait difficilement une idée de l'attitude embarrassée de M. de Montbel dont la pâleur est extraordinaire ; M. d'Haussez paraît lui-même fort ému, et s'efforce en vain de prendre une contenance assurée. Tous deux vont s'asseoir à leurs bancs, au milieu du plus profond silence. Cependant M. de Montbel, retournant son porte-feuille dans tous les sens, paraît ne pas pouvoir se décider à l'ouvrir, il en touche plusieurs fois la serrure et retire la main sans avoir fait jouer le ressort.

M. le président, voulant mettre un terme à une situation aussi bizarre, fait à M. de Montbel un signe qu'il est impossible d'interpréter autrement que par ces mots : *Quand vous voudrez, Messieurs, nous vous attendons.*

Enfin, M. de Montbel, après avoir poussé un long soupir, se décide à prendre, dans son porte-feuille, un papier ouvert qu'il va remettre à M. le président, puis il retourne à sa place.

M. le président : M. le ministre de l'intérieur me remet la proclamation du Roi, que je vais faire connaître à la Chambre.

PROCLAMATION DU ROI.

« CHARLES, par la grâce de Dieu, Roi de France et de Navarre, etc.

« La session de la Chambre des pairs et de la Chambre des députés est prorogée au 1er septembre de cette année.

« La présente proclamation sera portée à la Chambre des députés par notre ministre, secrétaire d'État au département de l'intérieur, et notre ministre, secrétaire d'État au département de la marine.

« Donné en notre château des Tuileries, le dix-

neuvième jour du mois de mars de l'an de grâce
1830, et de notre règne le sixième.

        « Signé CHARLES.

              Par le Roi :

  Le ministre secrétaire d'État au département
    de l'intérieur,

             Pour ampliation :

  Le conseiller d'État, secrétaire général du
    ministère de l'intérieur;

              Signé Balzac. »

M. le président : Aux termes de la loi, en cas
de proclamation du Roi qui dissout ou proroge la
Chambre, l'assemblée se sépare immédiatement.
Ce dernier mot est à peine prononcé que tous les
députés de la droite se lèvent en masse en criant :
Vive le Roi! à plusieurs reprises. Le côté gauche
et le centre gauche restent immobiles et silencieux.
Aussitôt 4 ou 5 députés de la droite quittent leurs
places ; on remarque parmi eux MM. de Lépine,
Berryer fils et Sallabéry : ils s'avancent presque au
milieu de la salle et provoquent les députés du côté
opposé par de nouveaux cris de *Vive le Roi !* en
agitant leurs chapeaux, et en se frappant sur le
cœur. Un cri part du côté gauche ; on croit que
c'est l'honorable M. de Schonen qui prononce les
mots de *Vive la Charte !* Ce cri, répété au même

instant par toute la gauche et le centre gauche, couvre les voix de la droite. Le silence se rétablit pendant une seconde. Une nouvelle explosion de cris de *Vive le Roi!* part du côté droit; de nouvelles provocations sont adressées aux députés de la gauche; ils y répondent en masse par le cri trois fois répété de *Vive la Charte!*

ARRÊT

DE LA COUR ROYALE DE PARIS, CONCERNANT L'ASSO-
CIATION BRETONNE POUR LE REFUS DE L'IMPÔT
ILLÉGAL.

Voici l'arrêt si impatiemment attendu, arrêt conçu de manière à inspirer de hautes méditations, et à présenter aux citoyens des garanties rassurantes sur l'avenir constitutionnel de la France.

« La Cour considérant que l'art. 4 de la loi du 25 mars 1822, qui punit l'excitation à la haine et au mépris du *gouvernement du Roi*, a voulu désigner, par ces dernières expressions, les *ministres pris collectivement*, administrant au nom du Roi, sous leur responsabilité personnelle;

« Que cela résulte de l'ensemble des dispositions de la loi et la gradation des différens faits qu'elle qualifie délit, et notamment du deuxième paragraphe de l'art. 4, qui déclare expressément que la disposition pénale de cet article ne peut pas porter atteinte au droit de discussion et de censure des actes des ministres ;

« Considérant que la plus odieuse imputation que l'on puisse faire à des ministres, et celle qui peut le plus exciter contre eux à la haine et au mépris, c'est de les présenter comme ayant *l'audacieux projet de renverser les bases et garanties constitutionnelles consacrées par la Charte, et de leur supposer l'intention d'imposer des contributions publiques, soit sans le concours libre, régulier et constitutionnel du Roi et des deux Chambres, soit avec le concours de Chambres formées par un système électoral, qui n'aurait pas été établi dans les formes constitutionnelles ;*

« Considérant que les journalistes, en publiant l'acte intitulé *Association bretonne*, qui ne repose que sur une semblable supposition, et accompagnant cette publication de réflexions conçues dans les termes approbatifs, offensans pour le gouvernement du Roi, ont, hors le cas de discussions et de censure des actes des ministres, imputé au gouvernement du Roi L'INTENTION CRIMINELLE, soit d'établir et de percevoir des impôts qui n'auraient pas été consentis par les deux Chambres, soit de changer illégalement le mode d'élection, soit même

de révoquer la Charte constitutionnelle qui a été
OCTROYÉE ET CONCÉDÉE A TOUJOURS, ET QUI RÈGLE
LES DROITS ET LES DEVOIRS DE TOUS LES POUVOIRS
PUBLICS ; que, par cette publication, ils se sont
rendus coupables du délit prévu et puni par l'ar-
ticle 4 de la loi du 25 mars 1822, etc., etc.

RÉFLEXIONS.

Des inquiétudes, trop justifiées par les antécé-
dens connus de quelques ministres, par les agres-
sions audacieuses d'écrivains qu'ils avouent puisqu'ils les tiennent à leur solde, ont amené les différentes associations que nous avons vu se former
successivement dans plusieurs départemens. N'eus-
sent-elles servi qu'à fournir à la Cour royale de
Paris l'occasion de proclamer les véritables principes en matière d'impôts, et de qualifier, comme
elles le méritent, toutes tentatives qui auraient
pour but l'établissement de contributions illé-
gales, de changement des lois électorales par
ordonnance, ou même la révocation d'une Charte
*concédée à toujours, et qui règle les droits et les
devoirs de tous les pouvoirs publics*, ces associations
auraient encore rendu à la liberté constitutionnelle
un immense service. Concourant, en quelque sorte,

à la déclaration si grave, si formelle de la première Cour du royaume, elles auraient déjà mérité d'entrer dans le partage de la reconnaissance publique.

Grâce à l'initiative qu'elles ont prises, les dépositaires de la justice en France ont déclaré, à la face du pays, que le plus grand crime dont un ministère pût se rendre coupable, serait de renverser les bases des garanties constitutionnelles, consacrées par la Charte, d'imposer des contributions publiques, soit sans le concours libre, régulier et constitutionnel du Roi et des deux Chambres, soit avec le concours des Chambres formées par un système électoral qui n'aurait pas été établi dans les formes constitutionnelles. Le gouvernement représentatif réside tout entier dans une déclaration si explicite, si positive. Le droit de refuser le paiement d'un impôt illégal en jaillit comme une invincible conséquence. Loin de condamner le principe des associations, elle le sanctionne et le justifie, en quelque sorte, puisque définir le mal c'est proclamer l'utilité du remède. Qu'ont voulu en effet les auteurs de ces associations si calomniées, sinon constater et établir ce droit opiniâtrément disputé, du refus d'un impôt illégal, sans lequel il n'est pas de garantie, parce qu'il est lui-même la première de toutes?

Le principe fondamental des associations reste

donc intact ; leur convenance actuelle et l'existence des dangers qui les ont fait naître, voilà les seuls points que la Cour a cru devoir mettre en doute.

AVRIL 1814.

Le sénat déclare que « Napoléon a déchiré le « pacte qui l'unissait au peuple français, notam- « ment *en levant des impôts, en établissant des* « *taxes autrement qu'en vertu de la loi, contre la* « *teneur expresse du serment qu'il avait prêté à son* « *avénement au trône ;* qu'il a commis cet attentat « aux droits du peuple, lors même qu'il venait « d'ajourner, sans nécessité, le corps législatif, et « de faire supprimer, comme criminel, un rapport « de ce corps auquel il contestait son titre et sa « part à la représentation nationale ; qu'il a anéanti « la responsabilité des ministres ; soumis à une « censure arbitraire la liberté de la presse, établie « et consacrée comme l'un des droits de la nation ; « qu'il s'en est servi pour remplir la France et « l'Europe de maximes fausses et de doctrines favo- « rables au despotisme, etc., etc. » En conséquence, la déchéance de Napoléon est prononcée par le sénat.

Quatre jours lui ont suffi pour la rédaction d'une constitution nouvelle qui va proclamer Louis XVIII, sous la condition que ce monarque l'accepte, la signe, et jure de la faire exécuter.

PARALLÈLE

ENTRE LES ÉTATS GÉNÉRAUX DE 1484 ET LA CHAMBRE DES DÉPUTÉS DE 1830.

Au moment où des tartufes de royauté font de vains efforts pour empêcher quelques bonnes paroles d'arriver jusqu'au trône, il convient peut-être d'offrir au public un fragment historique qui présente la plus grande analogie avec les circonstances actuelles. On y verra comment, sous l'ancienne monarchie, sous la monarchie absolue, dont tous ces pleureurs politiques invoquent le souvenir, des gens de cœur et des sujets fidèles entendaient la prérogative royale. Il s'agit de l'ouverture des États généraux de 1484.

Le 4 janvier de cette année, le roi Charles VIII arriva à Tours du château du Plessis, et fut reçu, à l'entrée de la salle, par une députation choisie dans les trois ordres. Lorsque le roi se fut assis sur son trône, et que les nobles, les prélats, les 246 députés des provinces eurent pris séance, un héraut cria à haute voix : *Faites silence!* Le chancelier Guillaume de Rochefort, après avoir pris les ordres du Roi, prononça le discours dont voici les principaux passages. (Ce discours a été traduit par Garnier, d'après le manuscrit de Musselin, président des États; il est conservé à la bibliothèque du Roi, sous le n° 321 des manuscrits de Dupuis.)

« Messeigneurs des États,

« Depuis que, par la volonté du Roi des rois,
« le Roi qui nous gouverne aujourd'hui est par-
« venu au trône, il n'a rien désiré avec plus
« d'ardeur que de rassembler autour de sa per-
« sonne l'élite de la nation. Le Roi a voulu vous
« faire part de la conduite qu'il a tenue jusqu'à
« présent, vous exposer ses projets, et vous asso-
« cier, en quelque sorte, à son gouvernement.....
« Comme la nation stipendiait à grands frais un
« corps de 6000 Suisses, il les a renvoyés dans
« leur patrie, après leur avoir fait payer tout ce
« qui leur était dû. Il a licencié de même plusieurs
« compagnies de troupes nationales, dont l'État
« peut absolument se passer tant que durera la
« paix.....
« Ces soins multipliés ne l'ont point empêché
« de s'occuper de deux objets importans, la légis-
« lation, la réforme du clergé ; quant au premier,
« il a fait rechercher les ordonnances du glorieux

« Charles VII, afin de les remettre en vigueur.
« Par rapport à la réforme du clergé, il a cru que,
« sans manquer au respect dont il est pénétré
« pour les décisions de l'Église, il pouvait, comme
« chef de l'État, prendre connaissance de ce qui
« regarde la discipline et les mœurs.

« Voilà ce que le Roi a déjà fait. Voici mainte-
« nant ce qu'il exige de vous. Il exige que vous lui
« découvriez tous les abus qui peuvent être échap-
« pés à sa connaissance, et que vous ne lui dé-
« guisiez aucun des maux qui affligent le peuple.
« *Ne craignez pas que vos plaintes soient impuis-*
« *santes. Le Roi aura égard à vos remontrances.*

« Il est question de *former au Roi un conseil*
« *qui puisse le seconder dans le dessein* qu'il a *de*
« *maintenir son royaume en paix.* Ce conseil doit
« être composé d'*hommes qui aient un caractère*
« *propre à concilier au Roi l'estime de ses sujets,*
« *l'estime et la confiance de ses voisins ; qui con-*
« *naissent la constitution de l'État,* et qui, sur
« le modèle éternel du ciel, fassent mouvoir tous
« les ressorts du corps politique, sans embarras et
« sans confusion. »

Après le discours, les députés prêtèrent serment,
suivant la belle formule alors en usage, « de faire
et conseiller ce que, selon Dieu et leur conscience,
ils jugeaient le plus utile à l'État. » Les travaux des

États commencèrent ; de grandes questions y furent agitées, de belles paroles y furent prononcées. On remarquera celles-ci qu'on pourrait croire modernes, si on ne les lisait dans le vieux manuscrit de Masselin. « Vous, disait Philippe de la Roche, députés de la noblesse, vous, qui conservez encore des cœurs français, ne souffrez pas que la nation vous accuse d'avoir trahi sa confiance, et qu'un jour la postérité vous reproche *de ne pas avoir transmis le dépôt de la liberté publique, tel que vous l'avez reçu de vos pères.* Sauvez vos noms de cet opprobre..... »

Après le vote de l'impôt qui donna lieu à de longs débats, et qui fut accordé au Roi *par forme de don et octroi et non autrement,* le président des États se rendit auprès de Charles, pour lui exprimer les résolutions de l'assemblée. C'était, en quelque sorte, *l'adresse* du temps.

« Défiez-vous, prince auguste, lui dit Masselin « au nom des États, *défiez-vous d'une espèce meur-* « *trière de conseillers qui assiégent l'oreille des* « *princes et qui creusent un précipice sous leurs* « *pas.* Après avoir ÉCARTÉ CES CONSEILLERS PER- « NICIEUX, UN ROI QUI VEUT GOUVERNER ÉQUITA- « BLEMENT, DOIT EN CHOISIR D'AUTRES EN QUI « IL PUISSE PLACER SUREMENT SA CONFIANCE. Qu'il « vive comme un père au milieu de ses enfans, et

« qu'il demande souvent avec émotion : *En quel*
« *état est mon peuple ?* »

Le roi Charles reparut au milieu de ses États
pour en tenir la séance de clôture ; le chancelier
portait encore la parole en son nom. « Le Roi, dit-il
« aux députés, réglera son État d'après vos con-
« seils : il ne rejettera aucune de vos demandes,
« qu'il ne vous ait fait approuver auparavant les
« raisons qu'il aura de ne pas l'accorder. »

Ainsi se traitaient, au 15e siècle, les affaires de
la France, entre son Roi et ses fidèles députés.

(*Le Temps.*)

LISTE DES 221 DÉPUTÉS QUI ONT VOTÉ POUR L'ADRESSE DE LA CHAMBRE.

NOMS DES DÉPUTÉS.	DÉPARTEMENS QUI LES ONT ÉLUS.
A.	
Agier	Deux-Sèvres.
D'Andigné de la Blanchetaye	Maine-et-Loire.
André	Haut-Rhin.
D'Angosse (le comte) . . .	Basses-Pyrén.
Angot	Manche.
Audry de Buyraveau	Charente-Infér.
B.	
Baillot	Seine-et-Marne.
Balguerie aîné	Gironde.
Bavoux	Seine.
Bazile (Louis)	Côte-d'Or.
Bellemare	Calvados.
Bérard	Seine-et-Oise.
Berenger	Drôme.
Bérigny	Seine-Infér.
Bertin de Vaux	Seine-et-Oise.
Bertrand	Haute-Loire.
Bignon	Eure.
Bizemont (le marquis de) .	Seine-et-Oise.
Boigue	Nièvre.

NOMS DES DÉPUTÉS.	DÉPARTEMENS QUI LES ONT ÉLUS.
Boissy d'Anglas	Ardèche.
Bondy (le comte de) . . .	Indre.
Bosc	Aude.
Bosc	Gironde.
Boula de Coulombiers . . .	Vosges.
Boulard	Oise.
Bourdeau	Haute-Vienne.
Bourdon du Rocher	Sarthe.
Bourgon (de)	Doubs.
Bray (de)	Somme.
Briqueville (de)	Manche.
Brigode (de)	Nord.
Brun de Villeret	Lozère.
Busson	Eure-et-Loir.

C.

Cabanon	Seine-Infér.
Calmelet	Indre-et-Loire.
Calmon (de)	Lot.
Cambon (le marquis de) .	Haute-Garonne.
Cambon (baron Alex. de) .	Tarn.
Cassaignoles	Ardèche.
Caumartin	Somme.
Caux (vicomte de)	Nord.
Champy (de)	Vosges.
Chardel	Seine.
Chastelier (de)	Gard.

NOMS DES DÉPUTÉS.	DÉPARTEMENS QUI LES ONT ÉLUS.
R.	
Rambuteau.	Saône-et-Loire.
Renouvrier.	Hérault.
Reinach	Haut-Rhin.
Ricard (de)	Gard.
Richemont (de)	Allier.
Rochefoucauld (comte de la)	Oise.
Rochefoucauld (comte Alex. de) . . . . , . . .	
Rodet	Ain.
Roman.	Yonne.
Rouillé de Fontaine	Somme.
Royer-Collard	Marne.
S.	
Sade (comte Xavier de) . .	Aisne.
Saglio	Bas-Rhin.
Saint-Aignan (Auguste de) .	Loire-Infér.
Saint-Aignan (Louis de) . .	*id.*
Saint-Cricq (comte de) . .	Basses-Pyrén.
Sainte-Hermine (comte de).	Deux-Sèvres.
Salverte	Seine.
Sapey	Isère.
Schonen.	Seine.
Sébastiani (comte).	Aisne.
Sébastiani (vicomte). . . .	Corse.

NOMS DES DÉPUTÉS.	DÉPARTEMENS QUI LES ONT ÉLUS.
Simmer (baron)	Puy-de-Dôme.

T.

NOMS DES DÉPUTÉS.	DÉPARTEMENS QUI LES ONT ÉLUS.
Tardif.	Calvados.
Ternaux.	Vienne.
Thénard.	Yonne.
Thiard (le comte de) . . .	Saône-et-Loire.
Tibord du Chalard.	Creuse.
Thil	Seine infér.
Thomas	Bouch.-du-Rh.
Thouvenel.	Meurthe.
Tirlet (vicomte)	Marne.
Toupot de Bévaux	Haute-Marne.
Tracy (vicomte de)	Allier.
Tribert.	Deux-Sèvres.
Tronchon	Oise.
Turckheim.	Bas-Rhin.

V.

NOMS DES DÉPUTÉS.	DÉPARTEMENS QUI LES ONT ÉLUS.
Vandeul (de)	Haute-Marne.
Vassal	Seine.
Vaulot de Mortagne	Vosges.
Verneilh de Puyraseau . . .	Dordogne.
Viennet	Hérault.
Voisin de Gartempe	Creuse.

NOMS DES DÉPUTÉS.	DÉPARTEMENS QUI LES ONT ÉLUS,
Clausel (le comte)	Ardennes.
Clément	Doubs.
Constant Benjamin.	Bas-Rhin.
Corcelles (de)	Seine.
Cordier	Jura.
Cordoue (le marquis de). .	Drôme.
Cormenin (de).	Loiret.
Couderc.	Rhône.
Crignon (de Montigny) . .	Loiret.
Crignon de Bonvalet. . . .	Loir et cher.
Cunin Gridaine	Ardennes.

D.

Dartigaux	Basses-Pyrén.
Daunant.	Gard.
Daunou	Finistère.
Delessert.	Maine-et-Loire.
Delaunay.	Mayenne.
Demarçay	Seine.
Despatys.	Seine-et-Marne.
Devaux.	Cher.
Didot F.	Eure-et-Loir.
Dollon (marquis)	Sarthe.
Dompierre d'Hornois . . .	Somme.
Drée (marquis de).	Saône-et-Loire.
Duchatel (comte)	Charente-Infér.
Dufour de Bessan	Gironde.

NOMS DES DÉPUTÉS.	DÉPARTEMENS QUI LES ONT ÉLUS.
Dumas (comte Mathieu)	Seine.
Dumeylet	Eure.
Dupin (baron)	Tarn.
Dupin aîné	Nièvre.
Pupont	Eure.
Durand François	Pyrén.-Orient.
Duris Dufresne	Indre.
Duvergier de Hauranne	Seine-Infér.

E.

Enouf	Manche.
Eschasseriaux	Charente-Infér.
Etienne	Meuse.

F.

Faure	Isère.
Favard de Langlade	Puy-de-Dôme.
Fleury	Calvados.
Fleury	Orne.
Fontaine	Pas-de-Calais.
Fontelle	Calvados.
Froidefon de Bellisle	Dordogne.

G.

Gazan	Eure.

NOMS DES DÉPUTÉS.	DÉPARTEMENS QUI LES ONT ÉLUS.
Gallot	Charente-Infér.
Gauthier	Gironde.
Genin	Meuse.
Gellibert	Charente.
Gérard (le général)	Dordogne.
Girod	Indre-et-Loire.
Gouve de Nuncq	Pas-de-Calais.
Grammont (de)	Haute-Saône.
Gravier	Hautes-Alpes.
Grea	Doubs.
Guéheneuc (comte)	Marne.
Guilhem	Maine-et-Loire.
Guizot	Calvados.

H.

NOMS DES DÉPUTÉS.	DÉPARTEMENS QUI LES ONT ÉLUS.
Harcourt (comte d')	Seine-et-Marne.
Harlé	Pas-de-Calais.
Hely d'Oissel	Seine-Infér.
Hennessy	Charente.
Hernoux	Côte-d'Or.
Ilis	Orne.
Humann	Aveyron.
Humblot-Conté	Rhône.
Hyde de Neuville	Nièvre.

J.

NOMS DES DÉPUTÉS.	DÉPARTEMENS QUI LES ONT ÉLUS.
Jacqueminot	Vosges.

NOMS DES DÉPUTÉS.	DÉPARTEMENS QUI LES ONT ÉLUS.
Jars	Rhône.
Jobert Lucas.	Marne.
Jouvencel (de).	Seine-et-Oise.
K.	
Kératry	Vendée.
L.	
Labbey de Pompières . . .	Aisne.
Laborde (le comte de). . .	Seine.
Lachèze	Loire.
Lafayette (le général) . . .	Seine-et-Marne.
Lafayette Georges	Seine-et-Marne.
Lafitte Jacques.	Basses-Pyrén.
Lafitte Martin	Seine-Infér.
Laffont de Blaniac	Lot-et-Garonne.
Laidet	Basses-Alpes.
Laisné de Villevêque	Loiret.
Lalot (de)	Charente.
Lamarque (le général) . . .	Landes.
Lameth Charles	Seine-et-Oise.
Lascours.	Gard.
Lecarlier.	Aisne.
Leclerc	Calvados.
Lefebvre.	Seine.
Legendre	Eure.

NOMS DES DÉPUTÉS.	DÉPARTEMENS QUI LES ONT ÉLUS.
Legrix Delassalle	Gironde.
Lemercier (vicomte de)	Orne.
Léridant	Morbihan.
Levaillant de Bovent	Oise.
Leyval Augustin	Puy-de-Dôme.
Lobau	Meurthe.
Lorgeril	Ille-et-Villaine.
Laval	Vendée.
Louis (le baron)	Seine.
Lussy	Hautes-Pyrén.

M.

NOMS DES DÉPUTÉS.	DÉPARTEMENS QUI LES ONT ÉLUS.
Maille	Seine-Infér.
Marschal	Meurthe.
Marchegay de Lousigny	Vendée.
Marmier (le marquis de)	Vosges.
Martell	Gironde.
Martin	Seine-Infér.
Mauguin	Deux-Sèvres.
Méchin	Aisne.
Mercier	Orne.
Metz (de)	Meurthe.
Migeon	Haut-Rhin.
Montbriant (comte de)	Ain.
Morel	Nord.
Mornay (baron de)	Ain.
Moyne	Saône-et-Loire.

NOMS DES DÉPUTÉS.	DÉPARTEMENS QUI LES ONT ÉLUS.
N.	
Nogaret	Aveyron.
O.	
Oberkampf	Seine-et-Oise.
Odier	Seine.
P.	
Paillard Ducléré	Mayenne.
Pataille.	Hérault.
Pavée de Vaudœuvre. . . .	Aude.
Pelet	Loir-et-Cher.
Perrier Alexandre	Loiret.
Perrier Augustin, ...	Isère.
Perrier Camille	Sarthe.
Perrier Casimir	Aube.
Pelletier d'Aulnay	Seine-et-Oise.
Perrine d'Hautpoul.	Aude.
Petou	Seine-Infér.
Podenas.	Aude.
Pommeraye (de la).	Calvados.
Poujard du Limbert	Charente.
Poyféré de Cère	Landes.
Preissac (le comte de) . . .	Tarn-et-Garon.

LISTE DES DÉPUTÉS QUI N'ONT PAS VOTÉ POUR L'ADRESSE DE LA CHAMBRE.

NOMS DES DÉPUTÉS.	DÉPARTEMENS QUI LES ONT ÉLUS.
A.	
Le vicomte d'Abancourt . .	Ardennes.
André	Lozère.
D'Aguillon.	Var.
Le vicomte d'Alzon.	Hérault.
Amat	Hautes-Alpes.
D'Andigné de Restaut . . .	Sarthe.
Le baron d'Anthès	Haut-Rhin.
Le comte d'Augier	Vaucluse.
B.	
Babey . . . . , . . .	Jura.
Le baron Balzac	Moselle.
Le baron Baron	Var.
Barrois.	Nord.
De Bastoulh	Haute-Garonne.
Le marquis de Bausset . . .	Bouches-du-Rh.
Le vicomte de Beaumont. .	Dordogne.
Beauquesne	Tarn-et-Garon.
Becquey	Haute-Marne.
Le marquis de Belissen. . .	Tarn-et-Garon.
Belleyme.	Dordogne.

NOMS DES DÉPUTÉS.	DÉPARTEMENS QUI LES ONT ÉLUS.
Benoit Delasalle	Aveyron.
Le chevalier de Berbis	Côte-d'Or.
Le marquis de Bernis	Ardèche.
Berryer	Haute-Loire.
Beraud	Allier.
Bizien du Lézard	Côtes-du-Nord.
Le vicomte Blin de Bourdon	Somme.
De Boisbertrand-Tess	Vienne.
Le comte de Bonvouloir	Manche.
Le comte Boscal de Réals	Charente-Infér.
Boulach	Bas-Rhin.
Briant de Laubrière	Finistère.
Brillet de Villemorge	Maine-et-Loire.
De Brusset	Haute-Saône.
Le baron de Burasse	Gers.

C.

NOMS DES DÉPUTÉS.	DÉPARTEMENS QUI LES ONT ÉLUS.
De Caqueray	Maine-et-Loire.
Carcaradec	Côtes-du-Nord.
De Carcouet	Loire-Inférieure
Le vicomte Castéja	Somme.
Le comte de Chabat	Vendée.
Chabrol de Volvic	Puy-de-Dôme.
Chagrin de Brullemail	Orne.
De Champvallins	Loiret.
De Chantelauze	Loire.
Le comte de Charencey	Orne.

NOMS DES DÉPUTÉS.	DÉPARTEMENS QUI LES ONT ÉLUS.
De Châteaufort	Sarthe.
Chevallier Lemore	Haute-Loire.
Choiseul d'Aillecourt. . . .	Orne.
Le baron de Cholet	Meuse.
Le baron de Clarac	Hautes-Pyrén.
Colomb	Hautes-Alpes.
Le vicomte de Conny . . .	Allier.
Cotteau	Nord.
Le comte Coutard	Sarthe.
Le baron de Cressac	Vienne.
Creuzé.	Vienne.
Croizet.	Cantal.
Le duc de Crussol	Gard.
Le vicomte de Curzay . . .	Vienne.

D.

Delauro	Aveyron.
Domezon	Gers.
Le marquis de Doria. . . .	Saône-et-Loire.
Drouilhet de Ségalas. . . .	Lot-et-Garonne.
Le chevalier Dubourg . . .	Haute-Garonne.
Ducasse de Horgues	Hautes-Pyrén.
Dumans	Mayenne.
Duplessis de Grenédan. . .	Ille-et-Villaine.
Le comte Dupont	Charente.
Duquesnoy.	Pas-de-Calais.
Durand d'Élecourt.	Nord.

NOMS DES DÉPUTÉS.	DÉPARTEMENS QUI LES ONT ÉLUS.
Dussol	Lot.
E.	
Le marquis d'Escayrac . . .	Tarn-et-Garon.
F.	
Le chevalier de Féligonde .	Puy-de-Dôme.
De Flaugeac	Lot.
Fleuriau de Bellevue	Charente-Inf.
De Fontenay	Saône-et-Loire.
Deformont	Loire-Inférieure
Le baron de Fournas de Moussoulens	Aude.
Franqueville de Bourlon . .	Nord.
Le com. Frottier de Bagneux	Nord.
Le vicomte de Fussy	Chér.
G.	
Gelis	Tarn.
Gerin	Loire.
Le comte de Gestas	Basses-Pyrén.
Le comte de Guernizac . .	Finistère.
L'amiral Algan	Morbihan.
H.	
Le baron d'Haussez	Landes.

NOMS DES DÉPUTÉS.	DÉPARTEMENS QUI LES ONT ÉLUS.
Le baron Higonet	Cantal.
J.	
Jacquinot-Pampelune . . .	Yonne.
Le baron Jankowitz	Meurthe.
K.	
De Kerjegu	Côtes-du-Nord.
De Kérouvriou	Finistère.
L.	
Le marquis de Laboëssière .	Morbihan.
Le vicomte de Laboullaye .	Ain.
Le général comte de la Bour-donnaye	Morbihan.
De Labretonnière	Drôme.
Lacroix de Laval.	Rhône.
Le baron Lafond.	Lot-et-Garonne.
Lamandé	Sarthe.
Le comte de Lamezan . . .	Gers.
Le vicomte de Lapeyrade .	Hérault.
Le comte de Lapotherie . .	Maine-et-Loire.
De Lardemelle.	Moselle.
De Larode.	Yonne.
De comte de Lastic.	Cantal.

NOMS DES DÉPUTÉS.	DÉPARTEMENS QUI LES ONT ÉLUS.
De Lastours	Tarn.
Lazerme	Pyrén.-Orient.
Léon Leclerc.	Mayenne.
Le baron de Lépine	Nord.
Letissier	Indre-et-Loire.
De Lorimier	Manche.
De Lugat.	Lot-et-Garonne.
Le comte de Lur-Saluces. .	Gironde.
De Lussy.	Hautes-Pyrén.
Le marquis de Lyle-Taulane.	Var.

M.

NOMS DES DÉPUTÉS.	DÉPARTEMENS QUI LES ONT ÉLUS.
Du Maismel . . , ...	Somme.
Mallard de Lavarende . . .	Eure.
Marchand-Collin.	Moselle.
Le chevalier de Margadel. .	Morbihan.
De Marhallach.	Finistère.
Le vicomte de Martignac. .	Lot-et-Garonne.
Le vicomte de Mauléon . .	Gers.
De Maussion d'Araussy. . .	Aisne.
De Meaux	Loire.
Le comte de Meffray. . . .	Isère.
Mestadier.	Creuse.
Michel de Saint-Albin . . .	Moselle.
Le comte de Mirandol . . .	Dordogne.
De Monceaux	Manche.
Le baron de Montbel . . .	Haute-Garonne.

NOMS DES DÉPUTÉS.	DÉPARTEMENS QUI LES ONT ÉLUS.
Le comte de Monbourcher.	Ille-et-Villaine.
Le comte de Montbron. . .	Haute-Vienne.
Le vicomte de Montsaulnin.	Cher.
Le comte de Mornac. . . .	Vendée.
Le comte de Mostuéjouls. .	Aveyron.
Mousnier-Buisson	Haute-Vienne.
Le marquis de la Moussaye.	Côtes-du-Nord.
Le comte Alexis de Noailles.	Corrèze.

O.

D'Ounous	Arriége.

P.

Le vicomte de Panat. . . .	Gers.
Pardessus	Bouch.-du-Rh.
Le baron Pas de Beaulieu .	Nord.
Paul de Châteaudouble. . .	Var.
De Pignerolles.	Mayenne.
Le marquis de Pina	Isère.
Planelli de Lavalette. . . .	Isère.
Le comte de Pinieux . . .	Eure.
Potteau d'Hancarderie . . .	Nord.
Le baron de Puymaurin . .	Haute-Garonne.

Q.

Le comte de Quélen	Côtes-du-Nord.

NOMS DES DÉPUTÉS.	DÉPARTEMENS QUI LES ONT ÉLUS.
R.	
Reboul.	Vaucluse.
Le vicomte Renouard de Bussières.	Bas-Rhin.
Riberolles	Puy-de-Dôme.
Sosthènes de la Rochefoucauld	Marne.
Le marquis de Rochegude .	Vaucluse.
Le comte C. de Roucherolle.	Eure.
De Roquette.	Haute-Garonne.
De Roux.	Bouches-du-Rh.
S.	
Chevalier de Saint-Blanquat	Ariége.
De Sainte-Marie	Nièvre.
Le vicomte de Saintenac . .	Ariége.
Le comte de Saint-Georges .	Morbihan.
Le comte de Saint-Légier. .	Charente-Infér.
Le comte de Saint-Luc. . .	Finistère.
Le comte Sallaberry	Loir-et-Cher.
Seguy	Lot.
Le comte Sevère de la Bourdonnaye.	Ille-et-Villaine.
De Syrieys.	Lot.
T.	
Le marquis de Tardy. . . .	Loire.

NOMS DES DÉPUTÉS.	DÉPARTEMENS QUI LES ONT ÉLUS.
Le baron du Teil	Moselle.
Du Temple de Chevrigny .	Eure-et-Loir.
Le marq. Terrier de Sautans.	Doubs.
Le vicomte du Tertre. . . .	Pas-de-Calais.
Le comte de Thomassin de Bienville.	Haute-Marne.
De Turmel.	Moselle.

U.

Urvoye de Saint-Bedan. . .	Loire-Infér.

V.

Le marquis de Vaulchier . .	Jura.
De Verna	Rhône.
Le comte de Vichy.	Saône-et-Loire.
Le vicomte de Villebrune. .	Ille-et-Villaine.
Le baron de Villeneuve. . .	Haute-Saône.
Le baron de Wangen de Gerolsheck.	Bas-Rhin.

Nota. Il est bien entendu que les vingt-huit députés absens ne doivent être compris ni dans la liste des 181, ni dans celle des 221.

FIN.

 www.ingramcontent.com/pod-product-compliance
Ingram Content Group UK Ltd.
Pitfield, Milton Keynes, MK11 3LW, UK
UKHW022300120726
13694UKWH00003B/1157